miniLÜK Till Eulenspiegel

ISBN 978-3-8377-4312-8

Ich kann's!

Name: Klasse:

Ich habe die Übungen erfolgreich bearbeitet am:

Till Eulenspiegels Streiche

Die Geschichten von Till Eulenspiegel haben Überschriften, aus denen man schon etwas über den Inhalt erfährt.

Ordne den Überschriften die passenden Bilder zu.

1. Wie Till Eulenspiegel dreimal getauft wurde

2. Wie Till Eulenspiegel in einem Bienenkorb schlief

3. Wie Till Eulenspiegel auf dem Seil tanzte

4. Wie Till Eulenspiegel als Turmwächter diente

5. Wie Till Eulenspiegel Eulen und Meerkatzen backte

6. Wie Till Eulenspiegel Erde kaufte

7. Wie Till Eulenspiegel eine Frau dazu brachte, ihre Töpfe zu zerschlagen

8. Wie Till Eulenspiegel vom Rathaus fliegen wollte

9. Wie Till Eulenspiegel bei einem Schneider arbeitete

10. Wie Till Eulenspiegel einem Esel das Lesen beibrachte

11. Wie Till Eulenspiegel mit dem Klang einer Münze bezahlte

12. Wie Till Eulenspiegel einen Wirt erschreckte

Wie Till Eulenspiegel dreimal getauft wurde

Lies die Sätze und ergänze die fehlenden Wörter.

1. Till Eulenspiegel wurde in einem kleinen Dorf in der Nähe der ▨▨▨ Braunschweig geboren.

2. An diesem Ort gab es keine ▨▨▨.

3. Daher musste das Kind in einem Nachbardorf ▨▨▨ werden.

4. Als der Pfarrer Till taufte, ▨▨▨ das Kind, weil das Wasser so kalt war.

5. Nach der Taufe wurde im ▨▨▨ ordentlich gefeiert.

6. Auf dem Rückweg wurde Till von seiner Patentante getragen, die aber ein wenig ▨▨▨ war.

betrunken	4	schrie	2	getauft	12
Stadt	7	Gasthaus	6	Kirche	3

7. Auf einer schmalen ▨▨▨ rutschte die Tante aus.

8. Sie ▨▨▨ mit dem Kind in den Bach.

9. Damit war ▨▨▨ ein zweites Mal getauft worden.

10. Das Kind war aber durch den Matsch im Bach sehr ▨▨▨ geworden.

11. Daher steckte man Till zu Hause in eine ▨▨▨ und wusch ihn von oben bis unten.

12. Das war dann seine ▨▨▨ Taufe.

dritte	10	schmutzig	1	fiel	9
Wanne	11	Brücke	8	Till	5

WIe Till Eulenspiegel in einem Bienenkorb schlief

Lies die Satzanfänge und suche die dazu passenden Teilsätze.

1. Als Till noch ein Kind war,

2. Am Abend wurde er müde

3. Hinter einem Bauernhaus fand Till einen leeren Bienenkorb,

und suchte sich einen Platz zum Ausruhen. [5]

besuchte er einmal mit seiner Mutter ein Dorffest. [9]

in den er sich hineinlegte und einschlief. [2]

4. Mitten in der Nacht kamen zwei Diebe auf den Hof geschlichen,

5. Der Korb, in dem Till schlief, schien ihnen der beste zu sein,

6. Weil die Diebe laut miteinander sprachen,

wachte Till auf und hörte den beiden zu. [12]

die einen Bienenkorb stehlen wollten. [10]

denn er war sehr schwer und versprach viel Honig. [8]

7. Die Diebe stellten den Bienenkorb auf Stöcke

8. Da langte Till mit dem Arm aus dem Korb

9. Wütend brüllte dieser den hinteren Dieb an,

und riss den vorderen Dieb ordentlich an den Haaren. [11]

er solle das sofort sein lassen. [7]

und trugen ihn davon. [4]

10. Weil es so dunkel war, konnte der Dieb nicht sehen,

11. Sie ließen den Bienenkorb fallen

12. Dabei rollte der Bienenkorb zur Seite,

sodass Till seinen Schlaf fortsetzen konnte. [6]

und prügelten aufeinander ein. [1]

wer ihn da an den Haaren zog. [3]

Wie Till Eulenspiegel auf dem Seil tanzte

In den Sätzen ist jeweils ein Wort oder eine Wortgruppe farbig gekennzeichnet.

**Suche das Wort oder die Wortgruppe,
die auch im Satz stehen könnten,
ohne den Sinn zu verändern.**

1. Till Eulenspiegel war schon 16 Jahre alt und wollte immer
noch kein Handwerk lernen.

| kein Kunststück | 11 | | keinen Beruf | 12 |

2. Lieber übte er auf dem Dachboden das Seiltanzen und andere unnütze Dinge.

| nutzlose | 8 | | sinnvolle | 7 |

3. Er spannte sogar ein Seil vom Bodenfenster über einen Fluss zum nächsten Haus.

| zog | 9 | | häkelte | 2 |

4. Viele Leute kamen, um Till auf dem Seil zu sehen,
aber seine Mutter war so erbost, dass sie das Seil durchschnitt.

| begeistert | 3 | | ärgerlich | 11 |

5. Till fiel in den Fluss und die Leute lachten übermäßig über ihn.

| ein wenig | 5 | | sehr | 3 |

6. Am nächsten Tag stand Till wieder auf einem Seil
und die Leute liefen in Scharen zusammen.

| in großer Zahl | 7 | | in kleiner Zahl | 2 |

7. Till lief ein Stück auf dem Seil und rief ihnen zu: „Gebt mir jeder euren linken Schuh, dann will ich euch ein hübsches Stück zeigen!"

einen hübschen Hut	4

ein besonderes Kunststück	5

8. Die Leute zogen ihre Schuhe aus und Till knüpfte sie alle an eine lange Schnur.

knotete	2

strickte	6

9. Oben auf dem Seil ging er mit dem Bündel Schuhe ein paar Schritte, dann schnitt er die Schnur durch und alle Schuhe fielen auf die Erde.

Paar	1

Haufen	10

10. Sofort fingen die Leute das Zanken um ihre Schuhe an und schlugen sich sogar.

einen Streit	6

einen Tanz	12

11. Till saß auf dem Seil und lachte sie aus: „Nun müsst ihr es ausbaden, so wie ich gestern baden musste!"

die Folgen tragen	4

schwimmen	8

12. Vier Wochen lang konnte Till sich nicht in der Stadt sehen lassen, deshalb saß er zu Hause und flickte Schuhe.

nichts sehen	12

nicht in die Stadt gehen	1

Wie Till Eulenspiegel als Turmwächter diente

Lies die Geschichte.

Till Eulenspiegel kam zu einem Grafen und sollte als Turmwächter arbeiten.
Er musste auf einem hohen Turm Ausschau nach Feinden halten.
Bei Gefahr sollte Till auf einem Horn blasen.
Der Graf hatte viele Reiter und Diener, die alle versorgt werden mussten.
Oft aber wurde vergessen, Till auf seinem Turm Essen zu bringen.
Das ärgerte ihn sehr.

Eines Tages kamen Feinde vor die Stadt und raubten die Kühe des Grafen.
Till sah dies alles von seinem Turm aus, blies aber keinen Alarm.
Der Graf erfuhr davon und eilte vor das Schloss.
Er rief zu Till hinauf: „Warum gibst du keinen Alarm?"
Darauf antwortete Till: „Und warum gibst du mir nichts zu essen?"

Der Graf rief: „Willst du die Feinde nicht anblasen?"
Till antwortete: „Ich darf doch keine Feinde anblasen, sonst kommen noch mehr.
Und die letzten sind schon mit den Kühen davon."

Der Graf eilte mit seinen Reitern den Feinden nach,
holte die Kühe zurück und erbeutete sogar noch Vieh.
Das wurde für ein üppiges Festmahl gebraten.
Till aber wurde wieder vergessen.

Da ärgerte er sich noch mehr.
Deshalb fing er an zu rufen: „Feinde! Feinde!" und blies laut in sein Horn.
Der Graf und die Reiter verließen das Festmahl
und ritten den angeblichen Feinden hinterher.

Till aber holte sich zu essen, so viel er tragen konnte.
Dann verließ er den Grafen,
denn hungern konnte er auch ohne Arbeit.

1. Wähle das passende Bild zum Anfang der Geschichte.

2. Wähle das passende Bild zum Ende der Geschichte.

Entscheide, ob der Satz zur Geschichte richtig oder falsch ist.
Wenn du eine Antwort nicht weißt, lies in der Geschichte nach.

3. Till arbeitete für einen König.　　　　　richtig `2`　　falsch `6`

4. Er hielt Wache auf einem Turm.　　　　richtig `9`　　falsch `3`

5. Till bekam oft nichts zu essen.　　　　richtig `12`　　falsch `7`

6. Das ärgerte ihn gar nicht.　　　　　　richtig `11`　　falsch `2`

7. Eines Tages kamen Freunde zu Besuch.　richtig `5`　　falsch `3`

8. Till blies keinen Alarm.　　　　　　　richtig `7`　　falsch `4`

9. Der Graf erbeutete Bier und Wein.　　　richtig `6`　　falsch `5`

10. Till wurde beim Festmahl vergessen.　　richtig `4`　　falsch `8`

11. Er blies ein fröhliches Lied.　　　　　richtig `10`　　falsch `11`

12. Till holte sich zu essen.　　　　　　　richtig `8`　　falsch `1`

Wie Till Eulenspiegel Eulen und Meerkatzen backte

Lies die Geschichte. | **Meerkatze = kleiner Affe**

Absatz 1 Als Till Eulenspiegel auf seiner Reise wieder mal nach Braunschweig kam, suchte er nach einer Arbeit. Er kam bei einem Bäcker vorbei. Till fragte, ob er bei ihm als Bäckerknecht arbeiten könnte. Da der Bäcker dringend jemanden für die Backstube brauchte, sagte er: „Ja, das ist prima. Du kannst schon heute bei mir anfangen."

Absatz 2 Der Bäcker zeigte Till die Backstube. Als der Bäcker sich am Abend schlafen legen wollte, sagte er zu Till: „Fang du schon mal an zu backen." Till sprach: „Ja, was soll ich denn backen?" Der Bäcker ärgerte sich über diese Frage und antwortete ihm spöttisch: „Du bist doch ein Bäckerknecht und fragst mich, was du backen sollst? Was backt denn ein Bäcker Tag für Tag? Eulen und Meerkatzen!" Damit ging er davon und legte sich schlafen.

Absatz 3 Till ging in die Backstube und bereitete eine große Schüssel Teig vor. Aus der einen Hälfte des Teigs machte er Eulen und aus der anderen knetete er kleine Affen. Bald war die ganze Backstube voll von Eulen und Meerkatzen.

Absatz 4 Als der Bäcker am Morgen in die Backstube kam, machte er große Augen. Er sah kein knuspriges Brot und keine leckeren Brötchen. Da wurde der Meister wütend und schrie Till an. Der blickte ihn ganz erstaunt an und sagte: „Ich habe nur das gebacken, was Ihr mir befohlen habt: Eulen und Meerkatzen."

Absatz 5 Da ergriff der Bäcker Till am Hemd und sagte drohend: „Den Teig bezahlst du mir oder ich bringe dich vor den Richter." Till bezahlte dem Bäcker den Teig.

Absatz 6 Till packte die Eulen und Meerkatzen in einen Korb und ging zur Stadtkirche. Dort breitete er seine Ware auf einem großen Tuch aus. Dann rief er: „Frisch aus dem Ofen! Eulen und Meerkatzen! Das gibt es sonst nur bei Fürsten und Königen!" Till verkaufte all sein Gebäck und verdiente viel mehr Geld, als er dem Bäcker für den Teig gegeben hatte.

Ordne den folgenden Sätzen den passenden Absatz zu.

1. Der Bäcker sah die Eulen und Meerkatzen und wurde böse.

2. Der Bäcker zeigte Till die Backstube und gab ihm den Auftrag zu backen.

3. Till bezahlte dem Bäcker den Teig.

4. Till stellte sich als Bäckerknecht vor.

5. Till verkaufte die Eulen und Meerkatzen an der Stadtkirche.

6. Till backte Eulen und Meerkatzen.

Absatz 1 **4** Absatz 2 **11** Absatz 3 **12** Absatz 4 **3** Absatz 5 **8** Absatz 6 **2**

In der Geschichte gibt es einige alte Wörter und Redewendungen.
Wähle jeweils die passende Bedeutung aus.

7. Was ist ein Bäckerknecht? eine Hilfskraft **10** ein Bäckermeister **9**

8. In Absatz 2 steht: „Der Bäcker antwortete ihm spöttisch".

Er antwortete ihm freundlich. **6** Er machte sich lustig über Till. **5**

9. In Absatz 2 sagt der Bäcker zu Till: „Du fragst mich, was du backen sollst? Was backt denn ein Bäcker Tag für Tag? Eulen und Meerkatzen!"

„Du musst doch wissen, dass man Brot und Brötchen backt." **7**

„Du musst doch wissen, dass man Eulen und Meerkatzen backt." **6**

10. In Absatz 4 steht: „machte er große Augen".

Er war sehr erstaunt. **9** Er hatte große Angst. **1**

11. In Absatz 4 heißt es: „Da wurde der Meister wütend und schrie ihn an." Was könnte er gesagt haben? Wähle die passende wörtliche Rede aus:

„Das ist aber eine prima Idee. Das hast du wirklich schön gemacht." **6**

„Was hast du denn da gebacken? Bist du denn verrückt?" **1**

12. In Absatz 5 sagt der Bäcker drohend zu Till: „Den Teig bezahlst du mir oder ich bringe dich vor den Richter." Wähle die passende Bedeutung aus.

„Ich bringe dich zum Schiedsrichter." **9** „Ich bringe dich vor Gericht." **6**

Wie Till Eulenspiegel Erde kaufte

Lies den Text und ergänze die fehlenden Wörter.

1. Till Eulenspiegel hatte durch seine ▬▬ so manche Herren sehr verärgert.

2. Der Herzog von Lüneburg hatte ihm sogar streng ▬▬,
jemals wieder in sein Land zu kommen.

3. Trotzdem war Till eines Tages mit Pferd und ▬▬
im Lüneburger Land unterwegs.

4. Dummerweise ritt der ▬▬ an diesem Tage in derselben Gegend aus.

5. Zum Glück sah Till einen ▬▬ auf dem Feld arbeiten.

6. Er fragte ihn, wem denn der ▬▬ gehöre, den er da bearbeitete.

Wagen	10	Bauern	4	Streiche	7
Acker	12	verboten	11	Herzog	8

14

7. Der Bauer sprach: „Der Acker gehört mir, ich habe ihn _____ ."

8. Till kaufte dem Bauern so viel _____ ab, wie auf seinen Karren passte.

9. Dann _____ er sich mitten in die Erde und fuhr dem Herzog entgegen.

10. Der Herzog sprach zu Till: „Ich habe dir verboten, in mein Land zu kommen, deshalb werde ich dich jetzt _____ !"

11. Till aber antwortete: „Gnädiger _____ , ich bin nicht in Eurem Land, ich sitze hier in meinem eigenen Land, das ich gerade dem Bauern da abgekauft habe."

12. Der Herzog schimpfte: „Fahr sofort mit deinem Land aus meinem Land und lass dich hier nie wieder _____ ."

Herr	3	Erde	5	bestrafen	1
setzte	9	blicken	6	geerbt	2

Wie Till Eulenspiegel eine Frau dazu brachte, ihre Töpfe zu zerschlagen

Lies die Geschichte.

Till Eulenspiegel lebte eine Zeit lang beim Bischof zu Bremen,
der viel Spaß an seinen Streichen hatte.
Eines Tages sagte Till, er wolle beten
und deshalb in die Kirche gehen.
Dies wunderte den Bischof sehr.

Heimlich ging Till auf den Markt und sprach mit einer Händlerin,
die dort Töpfe aus Ton verkaufte.
Er gab ihr Geld für all ihre Töpfe und sagte ihr,
was sie auf ein bestimmtes Zeichen tun solle.

Dann ging Till wieder zum Bischof und sprach:
„Kommt mit mir zum Markt. Dort sitzt eine Frau mit Töpfen.
Ich wette mit euch, dass ich sie ohne zu sprechen dazu bringe,
all ihre Töpfe zu zerschlagen."

Der Bischof wollte dies gern sehen und wettete um 30 Taler,
dass Till dies nicht gelänge.
Die beiden gingen zum Markt
und Till zeigte dem Bischof die Frau mit ihren Töpfen.
Dann stiegen sie in den Turm des Rathauses am Markt hinauf.
Till machte am Fenster allerlei Gebärden und Grimassen.
Zuletzt gab er das vereinbarte Zeichen,
die Frau nahm einen Stock und zerschlug all ihre Töpfe.
Die Leute auf dem Markt lachten
und der Bischof war sehr beeindruckt.

Zurück in seinem Haus, wollte er gern wissen,
wie Till dies angestellt habe.
Till verriet ihm, dass es keine Hexerei war,
sondern dass er der Frau vorher das Geld für die Töpfe gegeben hatte.
Da lachte der Bischof und gab Till die 30 Taler.
Till nahm das Geld und zog von Bremen fort.

Beantworte die Fragen.
Wenn du eine Antwort nicht weißt, lies in der Geschichte nach.

1.	Wo lebte Eulenspiegel?	in Hamburg	2	in Bremen	9
2.	Bei wem lebte er?	beim Bischof	5	beim Grafen	8
3.	Wohin wollte Till gehen?	in die Stadt	10	in die Kirche	2
4.	Wohin ging er tatsächlich?	auf einen Berg	6	auf den Markt	10
5.	Wen traf er da?	eine Händlerin	8	einen Bauern	7
6.	Was verkaufte sie?	Töpfe aus Eisen	11	Töpfe aus Ton	6
7.	Was gab ihr Till?	Geld	4	einen guten Rat	3
8.	Was schlug Till dem Bischof vor?	einen Überfall	9	eine Wette	11
9.	Wem machte Till ein Zeichen?	der Marktfrau	1	dem Bischof	4
10.	Was zerschlug die Frau	alle Töpfe	3	den Marktstand	12
11.	Wie reagierten die Leute?	Sie lachten.	7	Sie schimpften.	5
12.	Was gab der Bischof Till?	30 Taler	12	Prügel	1

Wie Till Eulenspiegel vom Rathaus fliegen wollte

Lies die Satzanfänge und suche die dazu passenden Teilsätze.

1. Till Eulenspiegel kam nach Magdeburg,

2. Die Bürger forderten ihn auf,

3. Till erzählte daraufhin in der Stadt herum,

dass er am nächsten Tag vom Rathaus fliegen wolle. `6`

wo er viele Späße trieb und sehr bekannt wurde. `3`

einmal etwas ganz Besonderes zu tun. `1`

4. Am nächsten Tag liefen viele Menschen zum Markt,

5. Till kletterte zum Balkon hoch

6. Dort bewegte er seine Arme auf und ab,

als ob er fliegen wollte. `2`

und stieg von dort auf das Dach. `12`

wo sie auf Tills großen Auftritt warteten. `4`

Wir erfüllen Kinderträume.

Marktplatz 10
D-70173 Stuttgart
Tel: 0711 / 23852-0

Beleg-Nr.   :16050805

6
WGR 6   3,00 EUR

Total   1   3,00 EUR
Bar   3,00 EUR
=====================================
USt 19,00 % =   0,48 von   3,00 EUR
Steuernummer   : 143/161/90805

Es bediente Sie Frau Aser
    Vielen Dank für Ihren Einkauf
    Umtausch nur mit Kassenbon!

23.07.14 16:31 16056901   16   5   0   77

Kurtz
Spielwaren seit 1831
Wir erfüllen Kinderträume

Marktplatz 10
D-70173 Stuttgart
Tel: 0711 / 23852-0

Beleg-Nr. : 16050805

6	
WGR 6	3,00 EUR

| Total | 1 | 3,00 EUR |
| Bar | | 3,00 EUR |

USt 19,00 % = 0,48 von 3,00 EUR
Steuernummer : 143/151/90805

Es bediente Sie Frau Aser
Vielen Dank für Ihren Einkauf
Umtausch nur mit Kassenbon!

23.07.14 18:31 16050801 16 5 0 77

7. Die Leute auf dem Markt staunten

8. Da lachte Till und rief: „Eigentlich bin ich doch der Narr,

9. Bin ich denn ein Vogel und habe ich Flügel,

aber hier scheint die ganze Stadt voller Narren zu sein. `7`

und warteten darauf, dass er endlich fliegen würde. `10`

dass ich fliegen kann?" `5`

10. Mit diesen Worten stieg Till vom Dach

11. Viele Menschen schimpften auf Till,

12. Einige sagten: „Till ist ein großer Narr,

andere lachten über seinen Streich. `11`

aber hier hat er einmal die Wahrheit gesagt." `8`

und verließ das Rathaus und den Markt. `9`

Wie Till Eulenspiegel bei einem Schneider arbeitete

Lies die Geschichte.

Absatz 1 Als Till Eulenspiegel nach Berlin kam, fand er Arbeit bei einem Schneider
Am ersten Tag sagte der Meister zu Till:
„Knecht, willst du nähen, so näh gut und so, dass man es nicht sieht."
Till nahm Nadel, Faden und den Stoff und kroch unter ein Fass. Dort
begann er zu nähen. Der Schneider sah das und fragte: „Was machst
du da? Das ist eine merkwürdige Art zu nähen!" Till antwortete: „Meister,
Ihr sagtet, ich solle so nähen, dass man es nicht sehe. Hier sieht es
niemand."

Absatz 2 Am Abend war der Schneider müde und wollte früh zu Bett gehen.
Es lag aber noch eine graue Bauernjacke halb fertig da. Solch eine Jacke
nannte man damals auch „Wolf". Der Schneidermeister sagte Till, er solle
den Wolf fertig nähen und ging. Till nahm die graue Jacke, schnitt sie auf
und machte daraus einen Kopf wie von einem Wolf, dazu den Leib und
Beine. Dann steckte er Stöcke in den Stoff, sodass es aussah wie ein
richtiger Wolf. Dann ging auch er zu Bett.

Absatz 3 Am nächsten Morgen kam der Schneider in die Werkstatt und sah den
Wolf dort stehen. Er fragte Till, was er denn da gemacht habe. Till
machte ein unschuldiges Gesicht und sagte: „Einen Wolf, wie Ihr es
wolltet." Der Schneider klärte Till auf und dachte, dieser Knecht sei
wohl ein bisschen dumm.

Absatz 4 Nach ein paar Tagen wollte der Scheider wieder früher zu Bett gehen,
meinte aber, dass sein Knecht gut noch etwas arbeiten könne. In der
Werkstatt lag noch eine Jacke, die bis auf die Ärmel fertig genäht war.
Der Schneider gab Till die Jacke und sagte:
„Wirf noch die Ärmel an die Jacke, dann geh auch zu Bett."

Absatz 5 Der Meister ging zu Bett und Till fing an zu arbeiten. Er zündete zwei
Kerzen an, hängte die Jacke an einen Haken und warf den ersten
Ärmel gegen die Jacke. Dann folgte der zweite. Dies tat er die ganze
Nacht bis zum Morgen.

Absatz 6 Als der Meister morgens die Werkstatt betrat, war Till immer noch
dabei. „Was treibst du nur für ein Spiel mit mir?", rief der Schneider.
Till sprach ganz ernst: „Das ist kein Spiel, das ist harte Arbeit. Ich hätte
auch lieber geschlafen!" Dann packte Till schnell sein Bündel und
machte sich davon.

Ordne den folgenden Sätzen den passenden Absatz zu.

1. Till warf die Ärmel gegen die Jacke.

2. Der Scheider dachte, Till sei dumm.

3. Till sollte eine Jacke fertig nähen, die noch keine Ärmel hatte.

4. Till arbeitete bei einem Schneider und saß unter einem Fass.

5. Der Meister war ärgerlich und Till ging davon.

6. Till nähte einen Wolf aus Stoff.

Absatz 1 **8**   Absatz 2 **6**   Absatz 3 **11**   Absatz 4 **10**   Absatz 5 **1**   Absatz 6 **4**

In der Geschichte gibt es einige alte Wörter und Redewendungen.
Wähle jeweils die passende Bedeutung aus.

7. Im Absatz 1 sagt der Meister zu Till:
„Knecht, willst du nähen, so näh gut und so, dass man es nicht sieht."

„Näh so, dass keiner dir beim Nähen zugucken kann." **7**

„Näh so, dass keiner die Naht sehen kann." **2**

8. Im Absatz 3 heißt es: „Der Schneider klärte Till auf".

Er verriet Till die wahre Bedeutung. **5**   Er machte sich über Till lustig. **9**

9. Im Absatz 4 sagt der Schneider sagt zu Till: „Wirf noch die Ärmel an die Jacke."

„Wirf mit den Ärmeln nach der Jacke." **12**   „Näh die Ärmel an die Jacke." **9**

10. Till macht in dieser Geschichte drei Streiche. Sie beruhen alle auf einem Grundsatz.

Till versteht den Meister nicht. **3**   Till nimmt die Worte des Meisters wörtlich. **7**

11. Im Absatz 6 rief der Schneider: „Was treibst du nur für ein Spiel mit mir?"

„Was möchtest du mit mir spielen?" **5**   „Du machst immer Unsinn!" **3**

12. Im Absatz 6 heißt es: „Dann packte Till schnell sein Bündel und machte sich davon".

Till packte seine Sachen ein und ging fort. **12**   Till packte die Jacke und ging fort. **11**

Wie Till Eulenspiegel einem Esel das Lesen beibrachte

Lies die Geschichte.

Einmal war Till Eulenspiegel in der Stadt Erfurt.
Er ließ überall in der Stadt Zettel aushängen.
Auf denen stand, dass er jedem Lebewesen
das Lesen und Schreiben lehren könne.

Daraufhin brachten einige Gelehrte der Universität
Till einen jungen Esel als Schüler und fragten,
ob er dem Tier das Lesen beibringen wolle.
Till sagte zu und sie vereinbarten
einen Lohn von 50 Talern.

Till nahm ein Zimmer in einem Gasthof.
Der Esel bekam seinen Platz im Stall.
In die Futterkrippe legte Till ein altes Buch,
in das er Hafer zwischen die Seiten gestreut hatte.
Der Esel blätterte mit dem Maul die Seiten um
und gelangte so an das Futter.
Als der Hafer alle war, rief er: „I-A, I-A!"

Nach ein paar Tagen lud Till die Gelehrten ein.
Sie standen im Stall um den Esel herum.
Der hatte den ganzen Tag nichts zu fressen bekommen und war sehr hungrig.
Till legte ihm das Buch in die Futterkrippe,
aber es war kein Hafer darin.
Der Esel blätterte die Seiten um, fand nichts zu fressen
und schrie laut: „I-A, I-A!".

„Seht her, meine Herren", sagte Till,
„die Buchstaben I und A kann er schon lesen.
Wenn ich weiter mit ihm arbeite, wird er das andere auch noch lernen."
Die Gelehrten waren wütend auf Till,
gaben ihm aber den vereinbarten Lohn.
Damit zog Till fröhlich weiter.
Den Esel aber ließ er in Erfurt.

Beantworte die Fragen.
Wenn du eine Antwort nicht weißt, lies in der Geschichte nach.

1.	In welche Stadt kam Eulenspiegel?	Erfurt	7	Essen	8
2.	Was hängte er aus?	Bilder	12	Zettel	3
3.	Wer brachte ihm einen Schüler?	Bäcker	4	Gelehrte	12
4.	Was für ein Tier war das?	Esel	2	Pferd	6
5.	Wie hoch war der vereinbarte Lohn?	50 Taler	6	50 Euro	7
6.	Wo wohnte Eulenspiegel?	in einer Burg	5	im Gasthof	4
7.	Wohin kam der Esel?	in einen Stall	8	in den Gasthof	9
8.	Wohin legte Till den Hafer?	in ein Buch	9	auf den Boden	11
9.	Was machte der Esel, als er keinen Hafer fand?	Er schlug aus.	1	Er schrie: "I-A!"	5
10.	Wie reagierten die Gelehrten?	Sie lachten.	10	Sie waren wütend.	1
11.	Was machte Eulenspiegel nach diesem Streich?	Er zog weiter.	11	Er blieb in der Stadt.	4
12.	Wo blieb der Esel?	bei Eulenspiegel	3	in Erfurt	10

Wie Till Eulenspiegel mit dem Klang einer Münze bezahlte

Suche den passenden Satz in Kurzfassung.

1. Till Eulenspiegel saß an einem kalten Vormittag in einem Gasthaus in Köln und hatte nur noch sehr wenig Geld.

2. Da er sich kein Essen leisten konnte, setzte er sich in die Küche, aß ein trockenes Brötchen und roch dazu den Duft des leckeren Bratens am Spieß.

3. Schließlich war der Braten fertig und der Wirt servierte ihn zusammen mit Gemüse und Kartoffeln den Gästen im Speiseraum als Mittagessen.

4. Als Till in der Küche blieb, sagte der Wirt zu ihm: „Wie, Eulenspiegel, willst du dich nicht auch an den Tisch zu den anderen Gästen setzen und zu Mittag essen?"

5. „Nein", antwortete Till, „ich mag nichts essen, ich bin schon vom Geruch des Bratens ganz satt geworden."

6. Der Wirt kratzte sich verärgert am Kopf, aber er sagte nichts weiter dazu, sondern ging zu seinen Gästen.

Der Wirt servierte den Gästen den Braten. `4`

Till saß im Gasthaus und hatte kaum Geld. `7`

Till sagte, er sei vom Geruch des Bratens satt geworden. `10`

Der Wirt ärgerte sich über Till. `12`

Der Wirt forderte Till auf, sich zu den anderen Gästen zu setzen. `8`

Till aß ein Brötchen und roch dazu den Braten. `11`

7. Nach dem leckeren Essen bezahlten die anderen Gäste und verließen das Gasthaus, um ihren Geschäften nachzugehen. Till aber blieb beim Feuer sitzen.

8. Da kam der Wirt mit seiner Geldtasche zu Till und verlangte, dass er wie die anderen Gäste auch zwei Münzen für das Essen bezahlen solle.

9. Schließlich habe er ja den Duft des Bratens gerochen und sei davon satt geworden und das sei genauso gut, als wenn er am Tisch den Braten gegessen hätte.

10. Da holte Till eine Münze hervor, ließ sie auf den Tisch fallen und steckte sie gleich wieder ein.

11. Er sagte: „So wie ich vom Duft des Bratens satt geworden bin, so muss dir nun der Klang der Münze als Bezahlung ausreichen."

12. Der Wirt ärgerte sich, dass Till fast den ganzen Tag am warmen Herd gesessen hatte, ohne etwas zu essen, aber er ließ ihn ziehen.

Der Wirt wollte auch von Till Geld. `5`

Die anderen Gäste bezahlten. `2`

Till meinte, der Klang einer Münze reiche als Bezahlung aus. `9`

Till sei ja vom Geruch des Bratens satt geworden. `3`

Der Wirt ließ Till ziehen. `6`

Till ließ eine Münze auf den Tisch fallen. `1`

Wie Till Eulenspiegel einen Wirt erschreckte

Lies die Geschichte.

Einmal im Winter übernachtete Till Eulenspiegel in einem
Gasthaus im Harz. Spätabends kamen noch drei Kaufleute
in die Herberge, die von einem Wolf bedroht und dadurch
aufgehalten worden waren.

Der Wirt war ein ziemlicher Angeber und sagte, er verstehe
nicht, wie man vor einem Wolf Angst haben könne. Er würde
es mit zwei Wölfen aufnehmen und sie wären doch
zu dritt gewesen.

Da Till und die drei Kaufleute sich ein Zimmer teilten,
machte er diesen den Vorschlag, dem Wirt einen
Denkzettel zu verpassen. Als Lohn bezahlten die Kaufleute
Tills Übernachtung und das Essen und sie sagten ihm,
wann sie auf ihrer Rückreise wieder hier übernachten würden.

Die Kaufleute reisten ab. Till aber ging in den Wald und
erlegte einen Wolf. Er ließ den Wolf über Nacht draußen
im Schnee gefrieren.

Am vereinbarten Abend traf Till die Kaufleute wieder in
dem Gasthaus. Der Wirt machte sich immer noch über die
Kaufleute lustig. Als es Nacht wurde und alle zu Bett gingen,
schlich sich Till in die Küche. Er stellte den gefrorenen Wolf
auf und steckte ihm noch ein Paar Kinderschuhe ins Maul.
Dann rief er den Wirt, er solle ihm ein Glas Wein auf das
Zimmer bringen.

Als der Wirt in die Küche kam, erschrak er heftig über den
Wolf. Er schrie laut um Hilfe, denn er dachte, dass der Wolf
seine Kinder gefressen hätte. Die Kaufleute und Till kamen
in die Küche und lachten den Wirt aus, weil er vor einem
toten Wolf so große Angst hatte. Der Wirt musste schließlich
auch lachen und beschloss, in Zukunft nicht mehr so ein
Angeber zu sein.

Entscheide, ob der Satz zur Geschichte richtig oder falsch ist.
Wenn du eine Antwort nicht weißt, lies in der Geschichte nach.

1. Till übernachtete in einem Gasthof. richtig `1` falsch `2`
2. Abends kamen noch drei Bauern. richtig `6` falsch `4`
3. Sie waren von einem Löwen bedroht worden. richtig `2` falsch `6`
4. Der Wirt war ein Angeber. richtig `8` falsch `3`
5. Er würde es mit zwei Wölfen aufnehmen. richtig `12` falsch `10`
6. Till ging in den Wald. richtig `3` falsch `5`
7. Er schoss ein Reh. richtig `11` falsch `2`
8. Till wollte den Wirt erschrecken. richtig `10` falsch `4`
9. Till bat um ein Glas Bier. richtig `7` falsch `11`
10. Der Wirt hatte keine Angst. richtig `9` falsch `7`
11. Till lachte den Wirt aus. richtig `5` falsch `8`
12. Der Wirt musste darüber weinen. richtig `11` falsch `9`

Wie Till Eulenspiegel ein Streich gespielt wurde

Lies die Geschichte. | spicken = Speckstreifen in einen Braten ziehen

Till Eulenspiegel wollte seine Stiefel einfetten lassen und ging zu einem Stiefelmacher. Er sagte zu ihm: „Meister, könnt Ihr mir meine Stiefel für einen Groschen bis morgen spicken?" Der Stiefelmacher sagte zu.

Kaum hatte Till die Werkstatt verlassen, sprach der Knecht: „Meister, das war eben Till Eulenspiegel, der treibt mit jedermann Streiche. Wollen wir ihm nicht jetzt auch einen Streich spielen?"

Der Meister nickte und sagte: „Nun, dann wollen wir ihm mal die Stiefel spicken, wie man sonst den Braten spickt." Er nahm Speck, schnitt ihn in dünne Streifen und zog diese mit einer Nadel durch die Stiefel.

Als Till am nächsten Tag die Stiefel sah, lachte er: „Was seid Ihr für ein tüchtiger Meister! Ihr habt genau das getan, worum ich Euch gebeten habe." Till zahlte den vereinbarten Groschen und ging aus dem Haus.

Der Knecht und der Meister lachten über Till, doch plötzlich stieß dieser mit Kopf und Schultern durch das Glasfenster, dass die Scherben nur so durch die Stube flogen. „Meister, was ist das für ein Speck, mit dem Ihr die Stiefel gespickt habt, von der Sau oder vom Eber?"

Da wurde der Stiefelmacher zornig und jagte Till davon. Er war aber auch wütend auf seinen Knecht: „Hätte ich nicht auf dich gehört, hätte ich noch ein heiles Fenster. Man soll sich eben nicht mit Till Eulenspiegel anlegen!"

1. Wähle das passende Bild zum Anfang der Geschichte.

2. Wähle das passende Bild zur Mitte der Geschichte.

3 Wähle das passende Bild zum Ende der Geschichte.

Entscheide, ob der Satz zur Geschichte richtig oder falsch ist.
Wenn du eine Antwort nicht weißt, lies in der Geschichte nach.

4.	Wohin ging Till?	zum Stiefelmacher	**2**	zum Schuhputzer	**11**
5.	Wer hat Till erkannt?	der Meister	**3**	der Knecht	**10**
6.	Was wollte Till?	Stiefel fetten lassen	**12**	neue Stiefel	**1**
7.	Was machte der Meister mit den Stiefeln?	Er schnitt sie kaputt.	**1**	Er spickte sie.	**8**
8.	Wie reagierte Till?	Er lachte.	**11**	Er tobte.	**9**
9.	Wie kam Till wieder ins Haus?	durch die Tür	**4**	durchs Fenster	**3**
10.	Was flog durch die Stube?	Scherben	**1**	Vögel	**5**
11.	Was machte der Meister?	Er jagte Till davon.	**9**	Er jagte den Knecht davon.	**12**
12.	Auf wen war der Meister noch wütend?	auf seine Frau	**7**	auf den Knecht	**6**

Wie Till Eulenspiegel ein Rosstäuscher ward

Die folgende Geschichte von Till Eulenspiegel ist in einer
sehr alten Erzählweise wiedergegeben.

Ross = Pferd

Suche jeweils den Satz in moderner Erzählweise.

1. Einst hielt Eulenspiegel ein stätiges Ross feil.

2. Da kam einer und wollte es ihm abkaufen, besah es,
und es gefiel ihm wohl.

3. Er fragte ihn: „Guter Gesell, hat es keine bösen Tücken an sich?
Verhehle mir solche nicht, ich werde es dir redlich bezahlen!"

4. Eulenspiegel sprach: „Ich weiß kein Gebrechen an ihm, als dass
es nicht über die Bäume geht."

5. Der Kaufmann sagte. „Ich will mit ihm nicht über Bäume reiten,
willst du mir's um einen billigen Pfennig geben, so nehme ich es."

6. Eulenspiegel sprach: „Ich gebe dir's nicht um einen Pfennig,
aber um 15 Gulden will ich's dir geben."

Er fragte Till: „Mein Freund, hat dieses Pferd keine Fehler?
Verschweige mir nichts, ich werde es dir auch gut bezahlen!" `1`

Der Mann sagte. „Ich will ja mit dem Pferd nicht über Bäume reiten,
wenn es billig ist, nehme ich es." `7`

Till sprach: „Für 15 Gulden kannst du das Pferd haben:" `5`

Ein Mann kam vorbei und wollte das Pferd kaufen,
das ihm gut gefiel. `6`

Einmal wollte Till Eulenspiegel ein störrisches Pferd verkaufen. `3`

Till antwortete dem Mann: „Das Pferd ist in Ordnung, es will nur
nicht über Bäume gehen." `4`

7. Und so wurden sie handelseinig.

8. Da der Käufer nun zur Stadt hinausreiten wollte, konnte er das Pferd nicht vor das Tor über die Brücke bringen, denn diese war aus Baumstämmen gelegt: Über Bäume ging es nicht.

9. Der Käufer hatte aber gemeint, es ging nicht über Bäume, die aufrecht stünden.

10. Deswegen brachte er die Sache vor Gericht, und es wurde erkannt, dass Eulenspiegel das Geld zurückgeben sollte.

11. Er tat es aber nicht, weil er im Voraus gesagt hatte, dass sein Pferd nicht über die Bäume gehe.

12. Eulenspiegel entwischte und kam nicht wieder.

Der Käufer hatte Till aber so verstanden,
dass das Pferd nicht über stehende Bäume gehen würde. `2`

Die beiden einigten sich auf den Preis und Till verkaufte das Pferd. `10`

Deshalb ging er vor Gericht und das entschied,
dass Till das Geld zurückzahlen sollte. `9`

Till lief mit dem Geld weg und kam nicht wieder in diese Stadt. `11`

Als der Käufer zur Stadt hinausreiten wollte,
ging das Pferd nicht über die Brücke aus Baumstämmen. `12`

Der tat dies aber nicht, weil er ja vorher gesagt hatte,
dass das Pferd nicht über Bäume geht. `8`

Wer war Till Eulenspiegel?

1511, also vor mehr als 500 Jahren, erschien ein Buch
mit dem Titel *„Ein kurtzweilig Lesen von Dil Ulenspiegel"*.
Wer das Buch geschrieben hat, weiß man nicht genau.
Es enthält 95 Erzählungen von Till Eulenspiegel.

Damals gab es außer der Bibel nur wenige andere Bücher.
Die meisten Menschen konnten damals weder lesen noch
schreiben. Viele Geschichten von Eulenspiegel hat man daher
mündlich weitererzählt. Das zeigt, dass diese Erzählungen
schon damals sehr beliebt waren.

In diesem Buch heißt es in der ersten Geschichte, dass
Till Eulenspiegel um 1300 in Kneitlingen bei Braunschweig
geboren wurde. Till Eulenspiegel zog als Schelm durch
das Land. Als Schelme bezeichnet man Menschen, die andere
an der Nase herumführen. Sie zeigen ihnen auch wie in
einem Spiegel ihre Fehler. Till Eulenspiegel soll 1350 in
Mölln in Schleswig-Holstein beerdigt worden sein.

Ein Museum in Schöppenstedt bei Braunschweig und ein
Museum in Mölln erinnern heute an Till Eulenspiegel und
seine Streiche.

Das folgende Bild von Till Eulenspiegel mit Eule und Spiegel
stammt aus dem Buch, das 1511 erschienen ist.